T0025147

Leonardo da Vinci,
genio de todos los tiempos

Morosinotto, Davide, 1980-
    Leonardo da Vinci, genio de todos los tiempos / Davide
Morosinotto ; ilustraciones Stefano Turconi ; traducción
Gabriela García de la Torre. -- Edición Miguel Ángel Nova. --
Bogotá : Panamericana Editorial, 2019.
    72 páginas : ilustraciones ; 13 x 20 cm.
    Título original : Leonardo da Vinci, genio senza tempo.
    ISBN 978-958-30-5990-2
    1. Leonardo da Vinci, 1452-1519 - Cuentos infantiles
2. Pintores italianos - Biografías 3. Pintura italiana - Cuentos infantiles 3.
Renacimiento - Cuentos infantiles 5. Libros ilustrados para niños I. Turconi,
Stefano, ilustrador II. García de la Torre, Gabriela, 1970- , traductora III.
Nova, Miguel Ángel, editor.
IV. Tít.
I927 cd 21 ed.
A1653121

            CEP-Banco de la República-Biblioteca Luis Ángel Arango

Primera edición en Panamericana Editorial Ltda.,
enero de 2020
Título original: *Grandissimi: Leonardo da Vinci,
genio senza tempo*
© Davide Morosinotto
© 2015 Edizioni EL S.r.l., San Dorligo della Valle
(Trieste)
www.edizioniel.com
Derechos negociados a través del Agente Literario
Ute Körner: www.uklitag.com
© Panamericana Editorial Ltda.
Calle 12 N.º 34 -30. Tel.: (57 1) 3649000
www.panamericanaeditorial.com
Tienda virtual: www.panamericana.com.co
Bogotá D. C., Colombia

Editor
Panamericana Editorial Ltda.
Edición
Miguel Ángel Nova
Ilustraciones
Stefano Turconi
Traducción del italiano
Gabriela García de la Torre
Diagramación
Jairo Toro Rubio

                    ISBN 978-958-30-5990-2

Impreso por Panamericana Formas e Impresos S. A.
Calle 65 N.º 95-28, Tels.: (57 1) 4302110 - 4300355. Fax: (57 1) 2763008
Bogotá D. C., Colombia
Quien solo actúa como impresor.

Impreso en Colombia - *Printed in Colombia*

Leonardo da Vinci,
genio de todos los tiempos

Davide Morosinotto

Traducción
Gabriela García de la Torre

Ilustraciones
Stefano Turconi

EDITORIAL
Colombia • México • Perú

Tabla de contenido

Capítulo I
Da Vinci

"Una vida bien vivida, buena vida es". Yo ya lo sabía: no hubiese vivido a gusto siendo notario, como lo deseaba mi padre.

En Florencia todo el mundo lo conocía. Ser Piero da Vinci era un hombre importante y amigo personal de los Médici, señores de la ciudad.

En cambio, de mi mamá solo sé su nombre: Caterina. Era una doncella del pueblo de quien Ser Piero se enamoró, pero como él estaba a punto de casarse con otra mujer, yo resultaba siendo, como se decía por aquellos días, un hijo ilegítimo. Eso significaba que no tenía derecho a heredar ni a desempeñar ningún oficio importante; pero al no tener Ser Piero más hijos en aquel momento, me tomó consigo y decidió que algún día seguiría sus pasos en la actividad familiar.

—Serás notario —decía—. Lo mismo que yo, y como también lo fueron tu abuelo, tu bisabuelo y los demás que nos precedieron.

Ser Piero convocó a nuestra casa de campo a un maestro tan lleno de verrugas como el tronco de un olivo; le ordenó enseñarme latín y el uso del ábaco, un instrumento hecho de varillas horizontales en las que se deslizan bolitas de madera.

El ábaco sirve para hacer cálculos, y mi maestro veía ese simple aparato con una mezcla de asombro y respeto, como si este tuviera algún tipo de magia.

—Maestro —le pregunté—, ¿y con el ábaco se puede resolver cualquier problema matemático?

—Sí —respondía él orgulloso.

Entonces empezaba a hacerle un montón de preguntas difíciles, y el pobre hombre de inmediato se confundía por completo. Negaba con la cabeza, empezaba a sudar y luchaba durante horas buscando alguna respuesta, perdiéndose en un mar de cálculos inútiles. Mientras tanto, yo aprovechaba para escaparme y aventurarme en el campo.

En ese tiempo vivía en Vinci, un lugar encantador entre colinas y viñedos, bosquecitos acogedores y arroyos que corrían entre los árboles. En lo alto, surcaban el cielo los buitres con su majestuoso vuelo y en los campos corrían liebres y jabalíes. Con frecuencia paseaba solo, aunque a veces iba en compañía de mi tío Francesco, hermano de Ser Piero. Según mi padre, era un vago que nunca lograría nada en la vida, pero yo lo quería mucho. El tío Francesco tampoco quiso ser notario, aunque en retribución sabía los nombres de todas las plantas, me enseñaba a reconocer los insectos y a capturar luciérnagas.

—¡Lo que ves acá es mucho más importante que las cosas que encuentras en los libros de tu maestro! —me decía en voz baja.

—Y yo no necesito entender el ábaco para esto —me reía yo.

Cada vez que salía con mi tío, llevaba un cuaderno y un trozo de carboncillo para dibujar todo lo que veía y no olvidarme de nada.

Un día Ser Piero entró en mi habitación cuando yo no estaba y encontró una gran pila de dibujos. Se rascó el mentón, pensativo. Cuando volví a casa lo encontré en la cocina con todas las hojas esparcidas sobre la mesa del comedor.

—Oye, muchacho, ¿tú hiciste estos garabatos? —preguntó.

—Sí, señor padre —respondí, un poco preocupado.

Ser Piero suspiró.

—El maestro dice que no repases la lección,

pues se ve que no quieres aprender latín. Sé sincero conmigo: tú no tienes ninguna intención de volverte notario, ¿verdad?

—No, señor padre —le respondí, para enfatizar que, en efecto, no deseaba serlo.

—Justo lo que me imaginaba —exclamó Ser Piero, recogiendo mis dibujos y guardándoselos debajo del brazo.

Pensé que iba a botarlos, pero, por el contrario, sin decirme nada, se fue a Florencia y tocó a la puerta de un querido amigo suyo, Andrea del Verrocchio.

En ese entonces Verrocchio era quizás el artista más importante de Florencia. Se destacaba como pintor habilísimo, escultor y arquitecto. Tenía un

taller enorme con aprendices, y todos en la ciudad lo consideraban el mejor punto de referencia por sus obras admirables.

Ser Piero llevó a su amigo aparte y le dijo:

—Andrea, tengo un hijo que me da muchos dolores de cabeza. Es inteligente y curioso, tal vez demasiado, pero se pierde en cientos de fantasías y nunca termina lo que comienza. Estudia un poco los animales, de inmediato se interesa por las plantas, luego las piedras. Son su única pasión. Tiene su habitación llena de insectos y va a enloquecer a su maestro. Y ahora acabo de encontrarme estos dibujos…

Verrocchio tomó la pila de papeles y los estudió con atención.

—Vengo a consultar tu opinión —exclamó Ser Piero—. Si tú crees que este muchacho tiene madera de artista, permitiré que siga su inclinación. Si no, se convertirá en notario, como lo deseo yo, así tenga que obligarlo.

Verrocchio miró a Ser Piero directo a los ojos y le preguntó:

—¿Cómo dices que se llama tu hijo?

—Leonardo —respondió Ser Piero.

—Tráemelo. Te prometo que Leonardo da Vinci se convertirá en alguien famoso.

De esta manera me convertí en un aprendiz de Verrocchio y me fui a vivir a su taller. Era el lugar más fantástico que jamás hubiera visto. Por todas partes había modelos y maquinarias, caballetes y pinturas. En un rincón estaban amontonados los martillos y otras herramientas; en otra esquina había cuadros, y prensas donde los alfareros modelaban la arcilla. Había instrumentos para los orfebres, tan pequeños y delicados que tenía miedo de romperlos con solo mirarlos; había utensilios con los cuales se construían instrumentos musicales. ¡Y muchos libros! Pero no eran aburridos y viejos como los de mi maestro en Vinci: al contrario, se trataba de libros que explicaban la naturaleza y la arquitectura.

En el taller vivían otros muchachos como yo, y siempre había algo nuevo que aprender. Verrocchio pintaba cuadros, esculpía estatuas, diseñaba palacios. Había artesanos que trabajaban la arcilla y músicos, y cada mañana corríamos de un lado a otro para dar una mano de pintura a esto o pulir aquello, escuchar una lección, construir una polea, estudiar la perspectiva o diseñar un andamio.

Al comienzo los otros muchachos del taller se burlaban de mí:

—Mira, llegó el zurdo —decían, porque yo hacía todo con la mano izquierda—. ¿Es que no sabes que esa es la mano del diablo? De pronto tú también eres un poco demoniaco…

Me sentía muy mal, pero después se me ocurrió una idea: escribir al revés, de modo que para poder

leer lo que escribiera se necesitaría de un espejo. Cuando los demás descubrieron mi código secreto, quedaron asombrados, y así me gané un cierto halo de misterio… Además, para mí escribir de esa manera era mucho más fácil y cómodo, porque no tenía el menor riesgo de pasar la mano sobre lo ya escrito con tinta fresca, y ¡no ensuciaba las páginas!

Los años que pasé en el taller de Verrocchio fueron felices, y el maestro me recompensaba con este acuerdo: me confiaba tareas cada vez más delicadas. Hasta que un día me dijo:

—Leonardo, ¿te gustaría terminar uno de mis cuadros?

En esos meses Verrocchio estaba trabajando en un encargo importante: los frailes de Vallombrosa le pidieron pintar un bautismo, y la obra estaba quedando de maravilla.

—En el cuadro deben aparecer dos ángeles. Yo ya hice el primero, pero no he tenido tiempo de pensar en el otro. ¿Te gustaría encargarte de él?

Era un honor y acepté gustoso. Me dispuse a trabajar en la obra con gran dedicación. Al lado del ángel de mi maestro pinté otro, de perfil, con una actitud absorta y una gran cascada de rizos dorados que parecían de verdad.

Estaba dando los últimos retoques cuando mi amigo Lorenzo di Credi exclamó:

—¡Leonardo!, ¿te das cuenta de que tu ángel es mucho más bello que el que pintó Verrocchio?

—Ay, por favor… —respondí, aunque por supuesto me sentí muy bien con el elogio.

—Es en serio —insistió Lorenzo—. ¡Compañeros, vengan a ver el ángel que pintó Leonardo!

La historia llegó a oídos de Verrocchio, a quien, como era de imaginarse, no lo dejó muy contento.

Me buscó y me pidió que le mostrara el cuadro, y cuando lo hice, se quedó observándolo por mucho tiempo. Luego, de la rabia rompió en dos el pincel que tenía en la mano y dijo:

—A fe que ese tonto tenía razón: este ángel es más bello que el mío. Leonardo me ha superado, y de hoy en adelante no volveré a pintar jamás.

Capítulo II
Un joven artista

"Miserable es aquel discípulo que no supera a su maestro". Este viejo proverbio guarda una enorme verdad, y también lo sabía Verrocchio.

Durante algunos días se lo veía en el taller con el rostro sombrío y no se le podía dirigir la palabra. Después de un tiempo, encontró de nuevo una motivación, volvió al trabajo y pintó muchos cuadros más.

Sin embargo, debo admitir que ese ángel me quedó muy bien. Ya me había convertido en un jovencito y tenía la edad adecuada para dejar el taller y abrir el mío propio. Le comuniqué esta decisión a mi padre, y fue él quien me encargó uno de mis primeros trabajos.

Un campesino de Vinci había cortado una higuera y fabricó con el tronco una rueda de madera para colgarla en la puerta de su casa. Pero antes quería embellecerla con una pintura.

Entonces Ser Piero vino a mi taller y me preguntó si quería encargarme de esta humilde tarea.

—¿Qué quieres que pinte? —le pregunté, agarrando la ruedecilla.

—Haz lo que quieras, Leonardo —respondió él—. A mí me tiene sin cuidado, y al campesino tampoco le importa.

Entonces pensé que esa era la ocasión perfecta para hacerle a mi padre una espléndida broma.

Durante varios días estuve paseando por el campo en las afueras de Florencia y recolecté una amplia colección de mariposas, luciérnagas y todo tipo de bestezuelas. Luego llevé todo al taller y de inmediato me puse manos a la obra.

Se necesitó bastante tiempo, sobre todo porque cada paseo al campo era una oportunidad para descubrir nuevos secretos de la naturaleza (en realidad muchos dirían que estaba perdiendo el tiempo y que tenía la cabeza en las nubes). El hecho fue que cuando todo estuvo listo, llamé a mi padre para que viniera a llevarse el encargo ya terminado.

Cuando Ser Piero llegó, le abrí la puerta con gesto serio y lo invité a seguir. El taller estaba oscuro porque cerré previamente las ventanas, y había un alboroto infernal por todos los animalitos que tenía encerrados en jaulas.

—Pero ¿qué…? —dijo Ser Piero, caminando a tientas en la oscuridad. Luego se volteó y vio un monstruo terrible cubierto de escamas, que arrojaba llamaradas por la boca.

—¡Auxilio! —gritó—. ¿Qué es ese monstruo?

Yo solté una carcajada y le dije:

—Pero, cómo, padre, ¿no reconoces tu ruedecilla de madera?

De hecho, el monstruo que a mi padre le había parecido tan real era solo

una pintura que yo había creado en el trozo de madera del campesino. Pero había hecho un trabajo tan detallado que, en la penumbra de mi taller, ¡era imposible darse cuenta del engaño!

Incluso Ser Piero quedó maravillado por el trabajo sobre la ruedecilla puesta a la luz del sol y admitió que era un cuadro increíble. Así que me preguntó:

—¿Cuánto quieres que te pague?

—Llévate la ruedecilla y regálasela al campesino —le dije—. Solo quería ver la reacción de mi padre, porque ese es el objetivo de toda obra de arte.

Admito que nunca he tenido muy buen sentido de los negocios, virtud que de hecho no le faltaba a Ser Piero. Mi padre se fue al mercado y compró otra ruedecilla que tenía pintado un simple corazón para dársela al campesino.

Inmediatamente después les mostró mi creación a algunos mercaderes de Milán, ¡y ellos le ofrecieron hasta trescientos ducados!

Mientras Ser Piero hacía negocios a mis espaldas, para mí las finanzas se estaban convirtiendo en un problema. Me gustaban los vestidos hermosos, las fiestas, la vida lujosa, y siempre tenía muchas ideas sobre cómo gastar mi dinero… pero no tenía ninguna de cómo ganarlo.

—Leonardo —me decían todos—, ¡tu problema es que pierdes el tiempo en vez de trabajar! ¡Sienta cabeza y pinta un cuadro hermoso! Después de todo, eres un pintor, ¿no es así?

Quizás tenían razón, pero allá afuera había cosas mucho más interesantes que los cuadros. A mí me encantaba pasear por Florencia y tomar nota de todo lo que veía; me divertía dibujando los rostros de los que pasaban y transcribiendo las historias que escuchaba en la calle. Hablaba con albañiles para saber cómo construían las casas, y con los tejedores para conocer los secretos de las telas. Y tomaba nota de todo, porque nunca se sabe cuándo cualquiera de esos datos podía serme útil para la vida.

Verrocchio con frecuencia decía que un verdadero artista debe saber de anatomía; por esta razón me refugiaba en los hospitales y pedía permiso a los doctores para estudiar los cadáveres y hacer mis dibujos, armado siempre con el cuaderno de apuntes.

Era un trabajo que daba escalofríos, pero también la única manera de descubrir cómo funciona el cuerpo humano. Cuando estar entre los muertos se volvía algo demasiado triste, me vestía con la ropa más elegante que tenía e iba a la corte de Lorenzo de Médici, señor de Florencia. Él ofrecía fiestas tan suntuosas que en la ciudad lo llamaban "el Magnífico", y yo empecé a planificar para él espectáculos y diversiones con los cuales sus invitados quedarían maravillados.

Justamente trabajando en una de las fiestas para el Magnífico, conocí a un individuo extraño que se hacía llamar Zoroastro.

—En Florencia todos dicen que eres el hijo de un noble, ¡y que eres mago! —exclamé.

—Para nada; me llamo Tomás Masini, y soy el hijo de un hortelano —respondió con una sonrisita—. Y más que un mago soy un inventor y un artesano.

Pero ¡qué artesano! Zoroastro sabía construir todo tipo de aparatos mecánicos; trabajaba con facilidad los metales, la madera y la piedra.

Como era de esperarse, de inmediato nos volvimos grandes amigos: discutíamos por horas enteras y aceptó trabajar conmigo, ayudándome a realizar todos mis proyectos. Solo quedaba el problema de cómo ganarse la vida, así que, luego de algunas dudas, acepté un encargo de los monjes de San Donato. Pintaría para ellos la *Adoración de los Magos* y, a cambio, los frailes me darían dinero, alimentación y vivienda.

Tengo que decir que al comienzo me apasioné por el proyecto de la *Adoración*; tenía en mente una pintura grandiosa, con cincuenta y siete figuras en movimiento que se enroscaban y superponían entre sí, configurando entre todos un inmenso triángulo con María y su bebé en el centro.

Era una idea fascinante y por meses llené mis cuadernos de cálculos, estudios y diseños previos. Pero cuando llegó el momento de iniciar y ponerme a pintar en serio, me sobrecogió el desaliento. Cincuenta y siete figuras eran demasiado, y era necesario pintarle todos los detalles a cada una, los pliegues de la ropa, las arrugas del rostro, cabello por cabello. La sola idea de todo el trabajo que se me venía encima me atormentaba. Eso no estaba hecho para mí. Así que muy dentro de mí decidí dejar el asunto, pero no les dije nada a los frailes… Y fingiendo que trabajaba en un cuadro al cual ya había renunciado, continué hospedado allí por varios meses.

Capítulo III
Leonardo en Milán

"Concebir una idea es de nobles, pero hacerla realidad es cosa de siervos". Todavía me pregunto por qué la gente no comprende ese concepto tan sencillo. No hay nada más bello que imaginar, calcular, estudiar y proyectar. Pero una vez que los bocetos están preparados y todo está decidido, ¿qué hay de divertido en coger un pincel y repetir todo de cabo a rabo para realizar la obra? No, gracias. Yo prefería dedicarme a proyectos más interesantes.

Sin embargo, los frailes que me hospedaban tenían una idea totalmente contraria.

—Ay, Leonardo —me decían—. Los borradores que nos mostraste son de verdad hermosos, pero lo que nosotros necesitamos es la pintura final. ¡No podemos colgar en el altar tu cuaderno de bocetos!

A medida que pasaba el tiempo, los frailes se iban poniendo cada vez más inquietos. Y cuando entendí que estaban a punto de enojarse de verdad, decidí que era hora de irme de Florencia y probar fortuna en otra parte.

Justo en ese momento, Lorenzo de Médici mandó a buscarme. El señor de Milán, Ludovico el Moro, deseaba crear un grandioso monumento ecuestre dedicado a su padre, Francesco Sforza. Como en Florencia vivían los mejores escultores de Italia, el Moro le pidió al Magnífico que le recomendara a su mejor artista… Y Lorenzo le dio mi nombre.

—Es una gran oportunidad —me explicó—. Ludovico Sforza es muy poderoso, y aparte de la corte de Milán, él tiene gran pasión por la música y tú la interpretas de modo espléndido. Estoy seguro de que nos harás los honores.

Yo hice una profunda venia.

—Pero, por favor —exclamó el Magnífico al despedirse—, ¡esta vez asegúrate de terminar la obra!

Le prometí que por lo menos lo intentaría, y un tiempo después me fui de Florencia junto con mi amigo Zoroastro y una pequeña corte de servidores. Fue entonces cuando me vino la idea de fraguar otra de mis bromas. Ciertamente, en Milán vivía mi amigo Benedetto Dei, escritor y hombre de letras, que me había pedido que le escribiera para mantenerlo al tanto del viaje.

El camino a Milán era largo y requería muchos días de viaje, entonces decidí hacerlo lo más cómodo posible y visitar con calma los pueblos en el camino. En cada una de las paradas le escribía a Benedetto cartas extrañas y con datos inventados, en las cuales le contaba que había decidido irme para Babilonia a conocer al sultán de esas tierras. Para hacer todo más verosímil, adjunté a las cartas algunos dibujos de las colinas de Armenia y de otros lugares fantásticos... ¡en los cuales ni siquiera había estado!

Cuando al final me presenté en la casa de Benedetto, él por poco se muere del susto, pues pensaba que en ese momento yo me encontraba en otra parte del mundo. Quién sabe si algún día los estudiosos encontrarán mis cartas y se preguntarán si en efecto Leonardo estuvo en Babilonia. Sería muy divertido.

Mientras tanto, en Milán me enteré de que debía presentarme ante Ludovico y darle una muy buena impresión. El Moro era un hombre violento e implacable con los enemigos; en todas partes me habían advertido que era mejor no contrariarlo.

Así que decidí escribirle una larga carta. Empecé haciéndole énfasis en que tenía la gran fortuna de contar conmigo en su corte y le expliqué que podía serle útil de muchas maneras distintas. Diseñaría puentes desmontables para que las tropas atravesaran los ríos, escapando del enemigo o atacándolo; construiría bombarderos, catapultas, pasadizos secretos; desviaría ríos, levantaría diques, construiría casas y edificios, excavaría sistemas de acueducto y alcantarillado; inventaría carros armados capaces de disparar en redondo por los campos de batalla; daría nueva forma a los canales de Milán; además, sabía pintar mejor que nadie y esculpir en mármol como ningún otro, modelar la arcilla y fundir el bronce, y para demostrárselo haría el fabuloso monumento ecuestre del cual me había hablado el Magnífico.

Admito que había exagerado un poco en la misiva, pero estaba interesado en llamar la atención del Moro.

Y de hecho lo logré.

Un día me invitó a palacio, me miró largamente y exclamó:

—¿Así que tú sabes hacer todas esas cosas?

—Sí, mi señor —respondí—, y mucho más.

De inmediato le mostré algunos bocetos de una grandiosa estatua de un caballo. Ludovico quedó impresionado y dijo que mi proyecto era bello… pero muy muy costoso, y por lo tanto debería pensarlo un poco.

Mientras tanto, tenía un encargo para hacerme: desde hacía algún tiempo el Moro se había encaprichado con una graciosa jovencita, la dama Cecilia Gallerani, y quería que pintara un retrato suyo.

Acepté, y, como el Moro había sido nombrado caballero de la Orden del Armiño hacía poco, representé a la bella Cecilia con el inocente animalito en su regazo.

Cuando terminé la obra, todos quedaron con la boca abierta y decían que nunca habían visto

algo tan hermoso. El cuadro de *La dama con el armiño* gustó tanto que para admirarlo vinieron muchas personas de muy lejos y damas nobles de toda Italia me invitaron para que les hiciera también su propio retrato.

Yo rechacé todas las propuestas de alejarme de Milán. La corte del Moro tenía mucho que ofrecerle a una persona como yo: divertía a los nobles inventando acertijos y adivinanzas, tocaba instrumentos musicales, pintaba, diseñaba disfraces y escenografías para fiestas. Con la ayuda de Zoroastro incluso construí máquinas teatrales sorprendentes, entre las cuales estaba una de un león mecánico que podía caminar solo. La amistad con el Moro me permitía continuar con

mis estudios sobre la anatomía humana, pues podía ir libremente a los hospitales y a la morgue, con la idea de terminar algún día un atlas del cuerpo humano para que fuera libro de estudio de médicos y cirujanos. Mi tarea más frecuente era rediseñar los buques de Milán, y tenía en mente algunas ideas que le comunicaba todo el tiempo a Ludovico, con la esperanza de que me ofreciera algún encargo como ingeniero.

En resumen, me daba la gran vida y podía dedicarme a todos los proyectos que se atiborraban en mi cabeza.

Capítulo IV
La última cena

"Si estás solo, serás todo tuyo; si tienes un amigo, solo tendrás una mitad tuya".

Desde pequeño fui un muchacho solitario, acostumbrado a estar por mi cuenta. En cambio, en Milán siempre estaba rodeado de gente y, como si eso no bastara, muchos venían a pedirme favores de toda clase. Un día, por ejemplo, se me presentó un tal Pietro, acompañado de su hijito, Giacomo.

El hombre quería que tomara al pequeño para mi servicio, y, mientras hablábamos, ese 'miquito' se me acercó a escondidas y trató de robarme la bolsa con monedas que tenía amarrada a la cintura.

Le agarré la mano para evitar que se escapara, pero él, en vez de ponerse a llorar, me respondió con una sonrisa retadora tan descarada que me dejó sin palabras.

—Perdónalo, señor Leonardo —dijo su padre—. Giacomo es un ladronzuelo hecho y derecho, mentiroso, terco y glotón. Ya sé que no quieres ni pensar en la posibilidad de que se quede aquí contigo.

Sonreí.

—Ni más faltaba; déjamelo. Estoy seguro de que lograré domesticarlo.

En realidad, no sé por qué razón acepté a ese travieso como aprendiz… Pero estaba llegando a una cierta edad en que, sin haberme casado, Giacomo podría ser el hijo que nunca tuve.

Traté de enseñarle a pintar y transmitirle mis conocimientos, pero él seguía robando y haciendo travesuras; una verdadera molestia, tanto que le puse el sobrenombre de "Salaí", que significa "diablillo".

Por esos tiempos mi fama en Milán había crecido, seguía trabajando en el monumento ecuestre para Ludovico el Moro, y pasaba días enteros observando caballos de guerra para estudiar sus movimientos y expresiones.

Después de haber terminado los diseños preparatorios de la estatua, construí un modelo en arcilla de tamaño natural. El caballo tenía más de siete metros de alto, y, según todos, era majestuoso y terrorífico.

Ahora tocaba proceder a la fundición en bronce, pero para una estatua así de grande se necesitaban al menos cien toneladas del metal… En el último momento, el Moro se arrepintió.

—Con todo ese bronce se pueden construir muchos cañones —decretó—. El caballo ya ha esperado tanto que podrá aguardar un poco más.

Entonces los frailes de Santa María de la Gracia me pidieron hacer un fresco en el refectorio de su convento. El tema que proponían era la última cena, y en general para estos cuadros se representaba el momento solemne en el que Jesús parte el pan y lo distribuye entre los apóstoles. Después de haber reflexionado durante mucho tiempo, decidí intentar algo totalmente distinto: en mi cuadro mostraría el momento en el que Jesús advierte a sus discípulos que entre ellos hay un traidor y ante estas palabras todos quedan de pie, algunos susurran, otros palidecen de terror o vergüenza. Estaba seguro de que el resultado sería sensacional.

Aunque, primero tenía un problema que resolver: los frailes deseaban un fresco, es decir, una pintura hecha directamente sobre la pared.

—¿Y por qué es un problema? —me preguntó el ingenuo Salaí.

—Verás —respondí—, el fresco se llama así porque se pinta la pared cuando el yeso está fresco aún. Para lograr el efecto deseado, es necesario estar seguro de la pincelada que se va a dar y ser muy rápido.

—¿Y tú no eres rápido? —preguntó de nuevo mi aprendiz con aire astuto.

No, no lo era. En realidad siempre he sido bastante lento, y además necesitaba tiempo para cuidar cada detalle de la obra.

Así que decidí probar una nueva receta para mis colores, mezclando las pinturas con un aceite especial y… yema de huevo.

No obstante, no salió como deseaba. Después de unos días, me di cuenta de que la mezcla no daba los resultados esperados, y en el cuadro se producían pequeñas grietas. Eran detalles minúsculos que nadie podría notar, pero yo ya sabía que mi fresco tendría pocos años de vida. Pronto la pared se descascararía y desaparecería como arena lanzada al mar.

Como pueden imaginar, este descubrimiento me quitó todo entusiasmo, y pensé que ni siquiera valía la pena terminar el cuadro. Por desgracia para mí, el prior del convento era un hombrecillo muy fastidioso. Cada vez que yo ponía los pies en el refectorio, suspiraba de alivio, y cuando me iba (casi de inmediato), mascullaba molesto.

—Los frailes aran el huerto desde por la mañana hasta el anochecer —decía él—. ¡En cambio

Leonardo coge un pincel solo unos minutos a la semana! ¡Y hasta que no termine el cuadro, nosotros no podemos entrar al refectorio y nos ha tocado comer de pie en la cocina!

Al final, ese entrometido fue a quejarse directamente adonde Ludovico el Moro, que luego mandó a llamarme.

—¿Se puede saber por qué te demoras tanto en pintar esa última cena? —me preguntó.

—No es tan fácil —respondí—. Todavía tengo que hacer un borrador del rostro de Judas, pero ¿qué cara puede tener el traidor de traidores? Llevo semanas dando vueltas por Milán buscando una inspiración,

pero no he tenido éxito. —Luego añadí con una sonrisa—: Pero si el prior tiene tanta prisa, ¡podría tomarlo como modelo para mi Judas!

El Moro soltó la carcajada, y le dijo al prior que si seguía molestándome, todos verían su rostro en la figura de Judas. Y el prior, asustado, me dejó en paz.

Todo indicaba que debía decidirme a terminar la pintura, entre otras razones, porque tarde o temprano las grietas comenzarían a verse a simple vista. Así que completé el rostro de Judas, y cuando la gente contempló el resultado todos dijeron que nunca habían visto una obra tan sorprendente.

—*La última cena* es una obra maestra que no tiene igual en el mundo —exclamaban.

También el antipático prior observaba el fresco con total complacencia:

—¡Esta es una obra que será admirada durante siglos!

Pero yo negaba con la cabeza porque sabía que en poco tiempo ese muro solo sería una mezcolanza de grietas y manchas.

Entretanto mis días en Milán fueron llegando a su término. El rey de Francia había puesto sus ojos en esa ciudad y pronto le declaró la guerra al Moro, cruzando los Alpes y comandando su ejército.

Yo le ofrecí a Ludovico mis servicios y le mostré proyectos de nuevas máquinas bélicas, pero él rechazó toda ayuda. Entonces comprendí que lo mejor era ponerme a salvo junto con Salaí, Zoroastro y otros amigos.

Hice maletas a toda prisa y me marché de la ciudad; poco después los franceses entraron al castillo del Moro.

¿Saben qué sucedió? Los soldados encontraron en el jardín el modelo en arcilla de mi espléndido monumento ecuestre, y se divirtieron usándolo como blanco de sus flechas hasta que lo redujeron a pedazos.

Capítulo V
Venecia subacuática

"La sabiduría es hija de la experiencia". Después de tantos años lejos de Florencia, me sentía una persona distinta respecto a aquella que era cuando partí. Ya era un hombre maduro y, se podría decir, también famoso. Pero ¿cómo me acogerían los conciudadanos de entonces? No tenía la menor idea, así que, en vez de dirigirme directamente a Florencia, preferí alargar un poco la ruta.

Primero me dirigí a Mantova, adonde Isabella d'Este, una noble muy chismosa que hacía tiempo me importunaba para que le hiciera un retrato. Yo no tenía ninguna intención de hacerlo, pero aproveché un poco su hospitalidad y su deliciosa cocina.

Inmediatamente después proseguí con el viaje hasta Venecia. Quedé encantado con esa ciudad sobre el agua, sostenida por miles de estacas. Me quedé días enteros observando el ascenso y descenso de la marea, tomando apuntes y estudiando el infinito movimiento de la laguna.

Entonces tuve una idea extraordinaria: construiría un barco que pudiera navegar bajo el agua, moviéndose sin ser visto hacia el fondo del mar. Y si los tripulantes del barco submarino querían estirar las piernas, haría mecanismos para respirar en la inmersión. No era difícil: bastaba construir un depósito de aire para ponerse en la espalda, y proteger el rostro con anteojos y una máscara de cuero…

Emocionado por esta idea, me encerré en mis habitaciones para estudiar ese nuevo e increíble proyecto, sabiendo que Zoroastro podría construir el submarino en pocos días. ¡Qué cara pondrían los venecianos viéndome emerger como por arte de magia del fondo de un canal!

Pero al poco tiempo me di cuenta de una cosa: ese invento no se usaría solo para hacer el bien, sino principalmente como instrumento de destrucción. Mis hombres subacuáticos estarían adiestrados para infiltrarse en los barcos enemigos, y serían innumerables las víctimas.

Yo era un inventor, no un asesino. Así que tomé esos diseños y los escondí en un baúl. Era mejor que ningún hombre descubriera tales secretos, o por lo menos no todavía.

Ese fracaso me hizo comprender que era hora de volver a Florencia. Apenas llegué a la ciudad, me puse en la tarea de buscar un lugar donde quedarme.

—Si está bien para ti, puedo ayudarte. —Se ofreció un amigo mío, Filippino Lippi—. Unos frailes me pidieron pintar un altar con la imagen de santa Ana, pero yo ya tengo mucho trabajo y podría cederte ese encargo.

Le agradecí de corazón, me presenté ante los frailes y ellos estuvieron muy contentos con la idea, de modo que me ofrecieron hospedaje junto con mis asistentes.

Sin embargo, algunos pintores celosos fueron adonde esos buenos monjes a hablarles mal de mí:

—Están cometiendo un error; Leonardo nunca termina lo que comienza. Se aprovechará de la hospitalidad de ustedes por años, y luego va a desaparecer a la primera oportunidad.

En efecto, eso era exactamente lo que pensaba hacer. Pero cuando los frailes amenazaron con echarme, me puse a trabajar y en poco tiempo tuve un dibujo enorme que representaba a una espléndida santa Ana. Era tan bella que venían de toda Florencia a admirarla. Como ya saben, una cosa es hacer el boceto previo, y otra muy distinta, terminar el altar por completo. Pero los frailes estaban contentos y dejarían de molestarme por un buen tiempo.

Aproveché para embarcarme en una nueva empresa: un tal Franceso del Giocondo, que era un mercader muy rico e importante, me pidió que le hiciera un retrato a Mona Lisa, su esposa. La Gioconda era una mujer de gran belleza, y tenía en el rostro algo que me hechizaba, una especie de melancolía que contrastaba con su espléndida sonrisa.

Me obsesioné con capturar esa expresión misteriosa, pero lograrlo no era nada fácil y el tiempo pasaba sin que me diera cuenta, y sin que el cuadro quedara terminado. En cierto momento le ofrecí disculpas a Ser Francesco y le pedí su autorización para llevarme el cuadro, poder reflexionar a solas y culminarlo en calma. Sentía que en esa Gioconda había algo escurridizo, especial, y me había propuesto descubrirlo. Pero para lograrlo y poder terminar el cuadro, necesité todavía muchos años más.

Entre tanto, ¡había otros proyectos para ocuparme! Por ejemplo, encontré la manera de empacar el Baptisterio de Florencia amarrándolo con muchas cuerdas, y alzarlo todo entero gracias a varias máquinas que inventaría. De esta manera, bajo el edificio se podían construir espléndidas escaleras, y después poner todo en su sitio, como si nada hubiera pasado.

También planeaba desviar el río Arno con una doble intención: por una parte, sería posible dejar sin agua a nuestros enemigos históricos de Pisa y, por otra, le regalaría a Florencia una magnífica cascada y llevaría agua a cada palacio de la ciudad.

No obstante, los florentinos no entendían mis ideas y, además, pensaban que yo estaba medio loco.

—¡Elevar todo el baptisterio! —decían—. Ese Leonardo tiene la cabeza en las nubes.

Traté de mostrarles mis cálculos y proyectos, pero ellos se iban sin siquiera escucharme.

Durante un tiempo el gobierno consideró mi idea de mover el curso del río Arno, pero luego decidió que era una empresa demasiado difícil y costosa y me despacharon como si nada.

¡Peor para ellos!

Capítulo VI
El gran reto

"El pintor que pinta sin pensar es como un espejo que refleja todo sin entender nada". Pero si quiere capturar el alma de las personas, se necesita un largo estudio. También hay que estudiar la perspectiva, la anatomía e incluso la mecánica y las matemáticas.

—Eres un pintor, Leonardo —me decían todos—. ¡Deja el cálculo a los profesores, y ponte a pintar!

Yo sonreía y los dejaba hablar, pero sabía que tarde o temprano les iba a demostrar que estaban equivocados.

Mientras tanto, en Florencia estaba dándose a conocer en la escena del arte una nueva generación de artistas. Había un joven llamado Rafael de Urbino y un tal Miguel Ángel, que era toscano como yo. Miguel Ángel era un muchachito siempre triste y de mal carácter.

Desde hacía un tiempo yo había visto un hermoso trozo de mármol abandonado, y pensé hacer una estatua con él. Pero tan pronto se enteró, Miguel Ángel hizo todo lo que pudo para quedarse con éste, y se dio a la labor de esculpir un enorme David.

A Miguel Ángel le tomó tres años terminarlo, pero apenas vi el resultado me di cuenta de que era una verdadera obra de arte. Y cuando los florentinos me pidieron consejo sobre dónde ubicar la obra, propuse colocarla bajo la Loggia della Signoria, porque era un lugar prestigioso y, sobre todo, cubierto, para que el delicado mármol de la estatua no corriera el riesgo de arruinarse por la intemperie.

No obstante, en vez de agradecerme este consejo, Miguel Ángel pensó que la Loggia no tenía la suficiente visibilidad y que yo quería impedir que obtuviera el éxito que se merecía, así que se enfureció y exigió que se colocara la estatua en el centro de la plaza. Después sucedió otro episodio que destruyó definitivamente la relación entre nosotros. Una noche nos encontrábamos discutiendo con un grupo de amigos sobre algunos versos de Dante y en ese momento él pasaba por ahí. Como él era un gran experto en poesía, para rendirle homenaje, les dije a mis amigos:

—Aquí esta Miguel Ángel, quien puede poner fin a esta discusión.

Pero ese tonto pensó que yo me estaba burlando de él y respondió con rudeza:

—Qué necesitas, Leonardo, ¿o es que terminar las cosas es tan difícil para ti? Tengo entendido que llevas años trabajando en un caballo de bronce, pero que nunca lo terminaste…

Se refería obviamente al monumento de Ludovico el Moro que me costó tanto trabajo. Y desde ese momento perdí toda simpatía por ese joven prepotente.

En poco tiempo toda Florencia hablaba de la hostilidad entre Leonardo y Miguel Ángel, el anciano maestro y el joven escultor de moda.

Fue entonces cuando Pier Soderini, el gonfaloniero de la ciudad, tuvo una brillante idea. Estaba caminando por la sala del Concejo, donde se reunía el gobierno de la ciudad, cuando se detuvo a mirar las paredes del recinto: eran blancas, vacías y un poco tristes.

—He decidido —exclamó— pedirle a Leonardo pintar una pared, y a Miguel Ángel, la otra.

De esta manera todos podrían comparar nuestras obras, puestas una frente a la otra en la misma sala. Era un verdadero reto, y confieso que no me disgustaba darle una lección a ese mocoso de Miguel Ángel.

Decidí que mi fresco representaría la batalla de Anghiari, en la cual los soldados florentinos derrotaron a las tropas de Milán. Ya tenía en mente una escena prodigiosa con caballos en pleno galope, las lanzas y las espadas, los cuerpos en movimiento en la furia del choque. ¡Realizaría una obra maestra como nunca antes se había visto!

Pero una vez más me encontraba frente al mismo problema: el de realizar un fresco, que debe pintarse a prisa, mientras que yo necesitaba tiempo.

Después de haber revisado muchos libros en busca de una solución, encontré una técnica ya usada por los antiguos romanos que parecía encajar exactamente con mi caso. La técnica se llamaba "encáustica", y consistía en preparar una mezcla particular para untarla en el muro, y todos los días, después de haber trabajado con mucha calma, me bastaría encender una gran fogata frente a la pintura para secarla. ¡Magnífico!

—Pero después del desastre de *La última cena,* esta vez sí haremos las cosas bien —le confié a Zoroastro.

Así que una noche entramos a escondidas en la sala del Consejo y allí empecé a pintar una figura de prueba en un rincón. Encendí el fuego y respeté todas las instrucciones. Al día siguiente fui a revisar el trabajo y también al otro día. En resumen, esperé lo suficiente para estar seguro de que el nuevo método funcionaba bien.

Solo cuando tuve plena certeza del éxito del resultado me puse manos a la obra.

Como ya ha quedado claro, al pintar mis obras maestras he cometido uno que otro error, o me canso y dejo la obra por la mitad. Pero esta vez estaba en juego mi honor frente al presumido de Miguel Ángel y la ciudad entera. Había tomado la decisión vehemente de superarme.

Dediqué toda mi atención a la batalla de Anghiari. Hice decenas de dibujos preparatorios, estudié la anatomía de los guerreros y de los caballos, analicé la perspectiva.

En mi fresco la lucha entre los hombres sería majestuosa como un huracán, un torbellino de energía y furor.

Empecé a pintar la pared con la técnica de la encáustica y todas las noches mis asistentes y yo encendíamos un gran fuego y esperábamos a que el color se secara.

Todo funcionó bien… hasta que comencé a trabajar en la parte superior del cuadro, que estaba tan alto que para llegar se necesitaba un andamio.

Ese día realicé un buen fragmento del fresco justo al lado del techo, y al atardecer, cuando encendimos el fuego, vi con horror que las llamas no lograban calentar la parte más alta de la pared… la pintura empezó a gotear.

—¡El calor no basta! —grité preocupado—. ¡Traigan más leña! ¡Más leña!

Zoroastro se precipitó a alimentar cada vez más el fuego, y yo les ordené a los sirvientes que acercaran el fuego hacia el muro.

—Pero maestro… —dijo uno de ellos—, ¡así nos arriesgaremos a quemar todo el palacio!

No me importaba, solo tenía ojos para mi precioso fresco que estaba a punto de dañarse. ¿Eso que veía sobre la pared en verdad eran gotas?

—No hay suficiente calor, ¡se necesita más fuego! ¡Más, más! —ordené.

Pero ya era muy tarde. La pintura estaba goteando del techo, manchando toda la pared. Y como si no bastara, el fuego estaba

recalentando la parte baja del fresco, creando burbujas y grietas horribles a la vista.

—¿Qué hacemos, maestro? —preguntaron mis asistentes.

La verdad no sabía qué hacer. Por primera vez, no tenía ni idea.

Capítulo VII
El vuelo

"No se debe desear lo imposible". Quizás esta vez yo había apuntado demasiado alto, había osado demasiado.

Para mí no era difícil imaginar lo que sucedería. El gonfaloniero Soderini vendría a pedirme que empezara de nuevo, que borrara el fresco dañado y recomenzara de cero. Pero yo sabía que no tendría la fuerza para volver a ese recinto y encontrarme frente a un desastre de ese tamaño. Entonces pensé en alejarme de Florencia y refugiarme en el campo por un tiempo. Como siempre, mis amigos me acompañaron, y entre ellos se encontraba el fiel Zoroastro, que había preparado los colores para *La batalla de Anghiari*, de modo que él entendía más que nadie mi desaliento.

—Oh, Leonardo —me dijo—, esta vez salieron muy mal las cosas, pero te esperan muchos éxitos, ¡no te dejes derrumbar!

Noté que tenía varios rollos de papel bajo el brazo, y reconocí de inmediato esos dibujos: eran mis estudios sobre el vuelo de las aves.

De hecho, desde que era pequeño, siempre me fascinaron las aves rapaces que volaban alto en el cielo de Vinci. Cuando fui más grande, estudié detenidamente sus movimientos, tratando de entender cómo se sostenían en el aire, cuál era el secreto de sus alas.

Con el pasar del tiempo, compartí los resultados de esta investigación con Zoroastro, y juntos soñábamos con construir una máquina que le permitiera al hombre despegar del suelo y volar.

—No se debe desear lo imposible —le recordé.

—Pero esto no es imposible —respondió él—. Tú me explicaste que el vuelo es algo científico. Tus estudios demuestran que el hombre algún día volará, y nosotros lo lograremos.

El entusiasmo de Zoroastro me contagió y comencé a planificar diferentes maquinarias para flotar en el aire. Inventé una cabina en forma de pirámide, parecida a un paraguas, que permitía lanzarse desde una torre y planear hasta el suelo sin problemas.

Pero no me interesaba caer lentamente, ¡yo quería volar! Entonces me inventé un tornillo aéreo, una especie de hélice que al girar permitía elevarse hacia el cielo. Enseguida me puse a estudiar las alas propiamente dichas, para que se batieran como las de las aves y permitieran volar grandes distancias.

No obstante, todos esos modelos eran demasiado complicados de construir. Después de muchas reflexiones, decidí experimentar algo más simple. Un ala fija hecha de madera y tela, para enganchar en los hombros del piloto. Con esta ala puesta, el hombre podría cabalgar los vientos. Volaría.

Zoroastro se ocupó de construir la maquinaria que tenía la forma de un ala de murciélago, y le quedó muy bien hecha. Pero en el último momento yo me eché para atrás.

—El vuelo es un arte complejo —murmuré—. Se necesita estudiar bien las corrientes de aire, calcular los pesos y las fuerzas. Además, ya somos ancianos; volar puede ser peligroso…

—Ya no te reconozco, Leonardo —exclamó Zoroastro—. Debes tener más fe en tus capacidades, ¡y en mi ingenio como mecánico!

Estaba tan seguro de sí, que se ofreció a ensayar él mismo la extraordinaria máquina.

—Imagínate —dijo—, ¡seré el primer hombre en volar!

Así, con un grupito de amigos, nos refugiamos en el monte Ceceri cerca de Florencia, para el primer gran vuelo. Yo mismo revisé una y otra vez cada nudo y cada conexión del aparato; después mi amigo se puso el dispositivo, tomó impulso en

una carrerita y se lanzó hacia abajo por un barranco.

El ala mordió el aire y se elevó hacia el cielo, y mi ánimo subió con él. Los ojos se me llenaron de lágrimas. ¡Volaba! ¡Volaba de verdad!

Pero solo duró un instante.

Un golpe de viento desequilibró el aparato y el ala se partió justo en el centro. Las cuerdas se soltaron una tras otra. Zoroastro cayó en el prado entre una maraña de ramas y madera astillada.

—¿Estás bien? —le preguntamos corriendo en su auxilio.

Por desgracia, mi querido amigo se había hecho mucho daño y se quejaba de tener roto el corazón, tanto que un jovencito lo cargó en un caballo, y lo llevó al galope a Florencia, donde podrían auxiliarlo debidamente.

Una vez solo, mientras volvía desconsolado a casa por un sendero del campo, me encontré con dos mercaderes que venían en una carreta. Cuando los sobrepasé uno de ellos se dirigió en voz baja al otro y le susurró:

—Pero ¿no sabes quién es ese viejo?

—No —respondió el compañero.

—Ese es Leonardo da Vinci —dijo el primero—. Sabe desviar los ríos y construir estatuas que se mueven solas; diseña las máquinas de guerra más potentes y carrozas que corren sin caballos. Además, ha pintado cuadros maravillosos. En fin… todos dicen que es el genio más grande de todos los tiempos. El más grande.

Me volteé y sonreí, y mi sonrisa les causó gran impresión, porque se tocaron el sombrero con respeto. No entendían que los estaba tomando del pelo. ¿Quién dijo que yo era un genio? ¿Yo, que ya tenía el cabello blanco y el rostro lleno de arrugas, que en la vida no había hecho más que cometer errores? Mis cuadernos estaban llenos de proyectos que nunca construí, y de sueños que no podía realizar. Dejaba a mi paso un montón de cuadros incompletos, frescos hechos hasta la mitad y bocetos interrumpidos. Había estudiado, pensado e inventado, pero eso solo me había servido para entender en realidad cuán tonto era.

Y sin embargo decidí que no me importaba. Genio o no, continuaría por mi camino, ejercitando mi curiosidad sobre todo aquello que me pasaba por delante de los ojos. Buscaría, indagaría, haría preguntas, escribiría en cuadernos y dibujaría esbozos. Pensaría, haría desorden y me equivocaría. Intentaría y volvería a intentarlo. Hasta el último de mis días.

"Porque el destino nos vende todo lo que queremos, y el único precio que nos pide es nuestro trabajo".

Leonardo da Vinci hoy

Leonardo nació cerca de Florencia, el 15 de abril de 1452, y murió en Francia el 2 de mayo de 1519. Si van a Vinci, pueden visitar la que probablemente fue su casa natal, además del museo en el centro del poblado.

El bautizo de Cristo de Verrocchio se encuentra hoy en día en el Uffizi, y el ángel de Leonardo está a la izquierda del cuadro. En cambio, es una leyenda la que cuenta que el genio haya pintado un monstruo en la ruedecilla de madera de higuera.

Además de sus cuadros, Leonardo nos dejó numerosos códices, es decir, conjuntos de apuntes muy valiosos. Sus aventuras imaginarias en Babilonia están en el *Códice Atlántico*, que se guarda en la Biblioteca Ambrosiana de Milán.

Si tienen curiosidad, pueden consultar este códice, y todos los demás, en Internet.

La dama con el armiño se encuentra en el castillo de Wawel, en Polonia.

Por su parte, *La última cena* se encuentra donde siempre estuvo, es decir, en el convento de Santa María de las Gracias en Milán. Una larga restauración le devolvió al fresco su belleza y esplendor original, que pueden admirar hoy en día.

La Gioconda se encuentra en el Museo del Louvre, en París.

Finalmente, en el monte Ceceri hay una placa que recuerda el primer vuelo de la humanidad. Y tengan paciencia si esto fue solo una leyenda; Leonardo nos ha enseñado que realizar nuestros propios sueños no es tan importante. Lo que cuenta es la capacidad de soñar.